AF196144

Christoph,

ich verliere

mein Spiegelbild

in deinen Augen,

dann schaue ich

auf unsere Liebe

und begreife

die Tiefe dieser

wahren Gefühle.

Almina Kolland

LIPPENBEKENNTNISSE
der
UNSTERBLICHKEIT

Liebesgedichte & Zitate

© 2018 Almina Kolland

Verlag: tredition GmbH, Hamburg
ISBN - Paperback: 978-3-7469-3454-9
ISBN - Hardcover: 978-3-7469-3455-6
ISBN - E-Book: 978-3-7469-3456-3

Umschlaggestaltung: Creative Design Corner
Titelbild: © Katalinks - Shotshop
Layout: Almina Kolland
Korrektorat: **Almina Kolland**

INHALTSVERZEICHNIS

VORWORT

*Ein Lyrikband lebt durch die aufblühende Liebe
in jedem einzelnen Gedicht.*

Liebe Leser und Leserinnen,

nach dem besonderen Kapitel in meinem Leben, der
den Titel „Handschrift des Herbstfrühlings" trägt, habe
ich mich erneut für Euch vom schönsten Gefühl auf
Erden inspirieren lassen. Ich brachte in diesem
Lyrikband die wahren Lippenbekenntnisse tiefer
Leidenschaft zum Ausdruck der Unsterblichkeit.

Ich wünsche Euch beim Lesen romantische Momente
der hingebungsvollen Liebe!

Herzlichst Eure,
Almina Kolland.

LIEBESGEDICHTE

Linien deiner Gesichtszüge

Aus deinen zierlichen Handflächen
treten Lebensgeschichten hervor,
bewegende, einfühlsame Geschichten,
bürden deines eigenen Schicksals
die deinen weiten Weg bestimmen.

Geduldig mit einem starken Willen
lehrt deine Weisheit den Schwächeren,
dass eine vertraute Seele nur durch
erfüllte Liebe erhört werden kann
und niemals mit der wirren Strömung
des geblendeten Verstandes schwimmt.

Manch anderer hat kein ruhiges Gewissen,
an deiner Seite keinen ruhigen Schlaf,
niemand außer deiner leisen
Herzensstimme kann wissen,
welchen Sinn die tiefen Linien
deiner Gesichtszüge tarnen.

Liebreiz unserer Liebelei

Ich erinnere mich,

die bunten Herbstblätter
umschmeichelten dein Haar,
die Farbe deiner Augen
war brauner als kastanienbraun.

Ich erinnere mich,

an dein Seufzen
in den ruhigen Momenten vor
dem großen Sturm, unsere
innigen Tagträume blühten
wie Rosenknospen im
Blumengarten auf.

Ich erinnere mich,

wir saßen im tief grünen Gras,
versteckt vom Rest der Welt,
meine Hand wischte
die Leid bedeckten Tränen
aus deinem Gesicht.

Ich erinnere mich,

dein ganzer Körper zitterte
bei jeder meiner Umarmungen
du hattest Angst um unser Glück,
du hattest Angst vor der anderen Neid.

Ich erinnere mich,

hinter unserem langen Lebensweg
blieb die Traurigkeit alleine stehen
mit den geheimen Erinnerungen
an den Liebreiz unserer Liebelei.

Dein Pioniergeist

Inspiriert vom Zeitenwandel
pendelt dein Pioniergeist
zu einem neuen Morgen
indem du kein Fallen erlebst,
wo das Schwanken der Zeit
deine Weitsicht nicht trübt.

Unmittelbar steht dein Weg
vor den Bahnen der Liebe,
deine sehnsüchtigen Wünsche
sind einer Landkarte gleich.

Deine aufrichtigen Gefährten
bleiben die stürmischen Nächte
in denen du vor der Kreuzung
deiner Sinnhaftigkeit treibst.

Du beendest dein Schweigen
für eine bessere Gesellschaft,
die dein Verlangen bestrebt
und die Zeichen dieser Zeit
der verbundenen Leidenschaft
an jedem Ort der Welt erkennt.

Sanftheit deiner Liebe

Vom Himmelstor fallen
kleine Schneeflocken
leise auf die Erde nieder,
die weiße Freude gleitet
über deine roten Wangen
zu meinem Herzen hinab.

Die Nacht in deinen Augen
empfängt die weiße Pracht,
deine zärtlichen Blicke
erwecken das hellste Strahlen
in meinem runden Gesicht.

Deine warmen Lippen küssen
meinen frierenden Körper,
mit der Sanftheit deiner Liebe
schmilzt auf meiner Haut
jeder deiner Atemzüge.

Erfreuliche Zeit

Die leichtesten Wolken
tauchen ihre weiße Unschuld
in Himmels klarem Blau,
dass satte Gold der Sonne
erstrahlt wärmend empor.

Kräftig schwingend tänzelt
das farbenfrohe Herbstlaub,
langsam fallen herzförmige
Lindenblätter auf die Straße
zu den Menschenfüßen herab.

Es scheint die erfreuliche Zeit
nimmt Einzug mit dem Wind,
der kreisend seine Runden dreht
über die braunen Weizenfelder
entgegen dem lieblichen September.

Liebesbrief

Die unerfüllte Sehnsucht vernebelt
meiner Hoffnung ihre Einsicht,
sie schnürt den Gürtel der Liebe
enger an meinen zarten Körper.

Eingeholt vom Gefühlschaos
ringt meine Lunge nach Luft,
dein Begehren vergiftet mein Blut
mit dieser unerfüllten Sehnsucht.

Betäubt von jeder einzelnen Zeile
in deinem romantischen Liebesbrief
ernährt sich mein feuriges Herz
von der Feder deiner sinnlichen Ader.

Deine Leidenschaft beschreibt
ungehemmt meine Fantasie,
deine Worte sind einstimmig
wie ein komponiertes Liebeslied,
das durch meinen Verstand strömt.

Perlen deines Augenscheins

Aus dem Zug deines Schicksals
springst zu den Tiefen der Erde,
den Grund für deinen ruhigen Schlaf
behütet deine sorglose Vergangenheit.

Im Licht des neuen Morgens,
wenn sich die Uhrzeiger abdecken
heilt die Wahrheit deinen Schmerz,
diese Zeit vergeht so schnell,
dass die Gegenwart
ins Stolpern gerät.

Perlen deines Augenscheins
gleiten immer langsamer
auf meine Hände hinab
und ein Teil deines Herzens
schmilzt mit meiner Hoffnung
in die nahe Zukunft hinein.

Das Lippenbekenntnis

Der Uhrzeiger schlägt
im Takt der Mitternacht,
die Zeit vergeht schnell
wie ein Windhauch,
der draußen tobt
mit mehr Leichtigkeit.

Zigarettenasche verstreut
über dem ganzen Boden,
das Feuer im Kamin
knistert vor sich hin,
der rauchige Nebel
hebt den starken Genuss
des leckeren Rotweins.

Durchdrungen von der Liebe
ihrer Unsterblichkeit
versinkt der Moment
in rubinrotem Licht.

Inmitten schwarzer Nacht,
berührt ohne eine Hand
das Lippenbekenntnis zweier Seelen
die Stunden purer Leidenschaft.

Schlechter Freund

Dein schlechter Freund
das wehleidige Herz
tändelt ständig unbeirrt
mit der Unaufrichtigkeit,
diese zerschmilzt wie Eis
auf deinen Lippen
und durchbohrt
meinen liebenden Geist,
der verletzlich, weinend
deinen Lügen trotzt.

Von meinem Gesicht
trocknet das Morgenlicht
die tausend Tränen nicht,
Qual erfüllte kleine Tränen,
die reinsten Tropfen
der wahrhaftigen Liebe
meines anmutigen Seins,
markiert vom Schein
deines schlechten Freunds.

Gefühle aus Glas

Nachts zerbrechen deine
Gefühle aus Glas,
die Scherben schneiden
Wunden in meine Adern.

Das leise Flüstern der Engelsboten
trägt meinen Schmerzensschrei
über eine alte morsche Fensterbank.

Eine Zeit wiederkehrender Wahrheit
trocknet meiner Liebe ihre Tränen
mit dem neuen Sonnenaufgang.

Verfolgt vom aufblühenden Tag
liegen meine heilenden Wunden
augenblicklich vor dem Horizont.

Sanfte Glut

Ein Moment leichter
Atempause verbindet
die wachsame Nacht
über den Wolken
der Ewigkeit.

Indem deine Nähe
winzige Schritte
meiner Träume
behutsam antreibt
verzaubert der Tag
die Fremden dieser
unheilbaren Welt
und teilt den Kampf
unserer heißblütigen
Leidenschaft.

Wie ein Testament
gewidmet der Reinheit
vor ihrem Schatten,
bewegt sich im Dunkeln
deine Herzensgüte
entgegen der Verzweiflung
meiner Unachtsamkeit.

Scheinbar grau
liegen geblieben
im feuchten Tau
ist der gesegnete Morgen
ein ungebetener Gast.

Das verletzlichste
Schicksal der Schicksale
bringt dein langlebig
lächelndes Gesicht
im Seelenfeuer
meiner sanften Glut
zur letzten Ruh.

Nymphengesang

Umschmeichelt von hellem Licht
sprießen die Blütenknospen,
tanzend um den Jüngling.

Ein verwilderter Teich
lockt den jungen Mann
mit exotischen Klängen
in einen starken Liebesbann.

Er traut seinen Augen kaum,
die schönste aller Blüten
flackert vor seinem Gesicht.

Sie umgarnt den Jüngling
mit ihrem Nymphengesang
und zieht verführerisch
sein Vertrauen in ihre einsame Welt,
der zerbrechlichen Schönheit.

Ein kleiner Schmerz

Manchmal fliegt mein Herz
wie ein Vogel in deine Richtung,
in deine unscheinbare Welt
und prallt gegen das frostige
Glasfenster deiner rastenden Seele.

Heimlich pocht ein kleiner Schmerz
in deinem eiskalten Brustkorb,
der haftende Frost verbreitet
schnell seine launische Kälte.

Friedlich schlummern
die leidenschaftlichen Nächte,
während leicht schluchzend
dein Herz in meinem Herz auftaut.

Italienische Nacht

Italienische Nacht du bist
in deiner Ganzheit erwacht,
ansehnlich erstrahlst du
mit dem Halbmond über
deinem schönsten Verona,
im romantischen Ambiente
verbreitest du das Gefühl
daheim angekommen zu sein.

Wenige Schritte von deiner
Laternen beleuchteten Piazza
führt der Weg zu Julias Haus,
dort stehe auch ich vorm Balkon
und flüstere Liebeserklärungen
wie stille Gebete zum Himmel hoch.

Deine Heimat sind die alten Gassen
durch die fruchtbaren Straßen
mit dem Duft von frischem Brot,
wohin das Auge hin sieht sind Menschen
mit beiden Händen der Liebe ergeben,
sie schlemmen gemütlich im Restaurant,
genießen ihren schwarzen Kaffee
zum schmackhaften Tiramisu.

Betört vom Gesang des Straßenmusikers,
der seine Liebste erhebend besingt
funkelt sehr hell dein Sternenlicht,
ein Bilderbuch deine nächtliche Aussicht,
behütet vom Geiste des verliebten Romeo
und seiner für immer geliebten Julia.

Der ehrfürchtige Held

Er versuchte gegen den eigenen Schmerz
des anderen Leid mit Liebe zu bereinigen,
riesige Flügel bedeckten seine Schultern,
federleicht bekleidet bändigte alleine er,
den schweren Kampf, dessen Übel
sich im Unheil des Menschen verteilte.

Umzingelt vom größten Tränenmeer
lernte der ehrfürchtige Held erneut
seine Federrüstung aufzuheben,
in einer robusten Haltung geboren
waren die grünen Felder seine Wiege,
grüne Felder die ihm mit seiner Tapferkeit
das Leben aus der warmen Brust saugten.

Verschlafene Schönheit

Du tränkst deine Ängste
in die Quelle der Leidenschaft,
jeden deiner Gefühlsschritte
schaust du zögerlich rückwärts an,
dort wo der steile Weg hinführt
tritt meine verschlafene Schönheit
aus dem Glanz deiner Augen hervor.

Herumirrend suchst du
der Unendlichkeit Schleife,
deine zarten Hände greifen
nach den winzigsten
Sternen und du forderst
das einstige Glück.

Im Gemüt deines munteren Wesens
bleibt an einem schmalen Weg
dein inneres Kind ein treu
ergebener Seelenbegleiter.

Du liebst in deiner eigenen Wahrheit,
doch seinem bitteren Nachgeschmack
entkommt der Zweifel nicht,
das Leid rollt immer schneller auf
der Treppe der veralteten Lebensleiter.

Eiszeit

Ich möchte all die Stille
deiner leeren Seele
mit meinem Atem füllen
und dein ganzes Wesen
zärtlich umhüllen.

Ich möchte
dass du mit mir schreist,
ich möchte
dass du mit mir lachst,
ich möchte
dass du mit mir weinst,
doch weiß ich,
diese Stille quält dich.

Sie ist unerträglich,
bewahrt ihre Kälte
in der alten Eiszeit,
wo deine Lippen
nicht mehr lebendig sind,
wo deine Küsse
nicht mehr meiner Liebe
Bestimmung sind.

Lüsterne Liebe

Ich spüre deine Nähe entfacht
das Prickeln unserer Romanze,
lange wartet der Abend nicht,
im Kerzenschein schweben
meine Gefühle dem reizvollen
Moment der Nacht entgegen.

Das schneeweiße Seidenlacken
ist sehr fest am Boden gespannt,
die Körper eng umschlungen,
Haut an Haut aneinander geschmiegt,
wir geben uns hemmungslos
der siebten Wolke hin.

Deine rasante Geschwindigkeit
vergeudet keine einzige Sekunde
dieser intensiven Nacht,
erfüllt von unserer Verliebtheit
ist die lüsterne Liebe entbrannt.

Gefühle des Frühsommers

Der Geruch des Sommerregens
legt seine Wonne in die Luft,
aus der erfrischten Erde
wächst erneut das grüne Gras,
rundherum entfalten die Wildrosen
ihre Blüte mit dem nassen Regenguss.

Fromm sitzt die tüchtige Amsel
auf der Krone ihrer Baumspitze,
sie verbreitet tagelang ohne Belangen,
ohne Klagen ihren freudigen Gesang.

Zwischen der grünen Pracht
verstecken die heimeligen Wälder
vor den suchenden gierigen Mäulern
den saftig süßen Brombeergenuss.

Die warmen Nächte werden länger,
mit ihnen die Menschen munterer,
am Himmel leuchten die Sterne
zum lächelnd runden Mondgesicht.

Die Gefühle des Frühsommers fließen
durch die gut gesinnte Natur,
dass Leben erneuert seinen Zauber
und schenkt der liebenden Seele
ein Stück unantastbare Zuversicht.

Der siebte Wochentag

Mein Herz zerfällt in kleine Stücke,
die spitzen Scherben verschütte ich
mit jedem dynamischen Schritt
auf die lange Straße deines Weges.

Meine Gedanken schweifen ab
in der Hoffnung eines Morgens
neben deiner Hoffnung zu erwachen.

Tage ohne deine Anwesenheit
sind für die Ewigkeit verlorene Tage
die meine Gedanken ständig
um dein Lächeln kreisen lassen.

Wenn wir einander nicht nahe sind
was bleibt noch der siebte Wochentag,
eine kilometerweit vergeudete Zeit,
die unsere Liebe auseinander hält.

Das Kartenhaus

Dein schützendes Kartenhaus
aufgebaut wie ein Schlossturm,
der dich in seinen gespaltenen
grauen Wänden gefangen hält,
verträgt kein liebendes Glück.
Nur eine zarte Berührung reicht,
dass jede grobe Barrikade zerfällt.

Ich fühle die Bedrohung
der heranschleichenden Not,
die entgegen den großen Mauern
deiner steinigen Festung tobt.

Sobald ein neuer Tag beginnt
besingt die Gunst ihre Stunde,
Windes leichteste Kraft zerstört
das Kartenhaus, dein Trugbild
und holt dich, meinen Herzkönig,
behütet aus den Kartentrümmern
deiner einsamen Festung heraus.

Dämonen deiner Nacht

In der Dunkelheit verfolgt,
gedrängt durchs tiefste Moortal
stockt dein Atem vor Angst.

Ein unerreichbar vertrautes Licht
schleicht um deinen Körper,
wie ein Scheinwerfer legt es sich
vor deinem geistigen Auge nieder.

Deine Wege kreuzen Umwege,
ausweglos erscheint der Tunnel
deiner unheimlich langen Reise.

Die Last der Vergangenheit
klebt deine Finger zusammen,
oder ist es deine eigene Schuld,
die an deinen Fingern klebt.

Deine Lippen aneinander gepresst
ersticken die grausamen Hilfeschreie,
besänftigen versucht dein Herz
die Mitte seines ängstlichen Kerns.

Schweißgebadet ringt dein Körper
mit den Dämonen deiner Nacht,
ein brutaler Schrecken beim Aufwachen,
dein wiederkehrender Alptraum.

Unverschämt kühles Herz

Aus der verborgenen
Unsicherheit entspringt
deine bodenlose Eitelkeit,
ah, wie sehr beklagst du
deine Bedürftigkeit,
deine kleinliche Angst
akzeptiert kein nein.

Dein Wille missachtet
des anderen Gefühl,
du übst Macht
der Unbeständigkeit aus,
deine schmerzhafte
Verbitterung untersagt
die vollkommene Hingabe
der heilenden Gnade.

Du schwimmst gerne
im giftgrünem Teich,
deine Seele schäumt
vor brennender Wut,

wäre doch die Liebe
großzügiger zu dir
hättest du Ruh vor
deinem blassen Neid.

Dem Neid, der dein
unverschämt kühles Herz
in die Abhängigkeit
nackter Eifersucht treibt.

Die rosa Lea

Ein Garten nebenan fand still
seinen sehnsüchtigen Wunsch,
der liebliche Seelenduft
verbreitet Geborgenheit
über Hauses Wände,
deren Schatten einst nur
das grelle Mondlicht kannten.

Ein kleiner Tropfen Wasser
zerrinnt in den großen Bach
der verspielten Gefühlswelt.
Erfrischt erblüht die rosa Lea,
ihr wärmendes Rosenblatt
hält die anderen Blumen wach.

Ein vorüberziehender Sturm,
versucht vergebens der Fülle ihre
verankerten Wurzeln zu brechen,
die besonnene Liebe Leas
gibt jedem lebendem Wesen Schutz
gegen den Gewitterverdruss.

Hochzeitstanz

Mit einem schmunzeln im Gesicht
presse ich meine vollen Lippen
an dein zerknittert gestreiftes Hemd.

Meine langen Haarsträhnen gleiten
über deine geröteten Wangen
und kitzeln leicht deine Nasenspitze.

Während der Klang von sanfter Melodie
unsere gehemmten Füße vorwärts treibt,
fühle ich in deiner innigen Umarmung
die Geborgenheit echter Hingebung.

Auf dem schachbrettähnlichen Parkett
sind unsere Tanzschritte sehr holprig,
dennoch ein bisschen verführerisch.

Obwohl dem Kopf schwindelig scheint,
bleibt dieses Erlebnis bewegter Gefühle
der Hochzeitstanz
unserer beständigen Liebe.

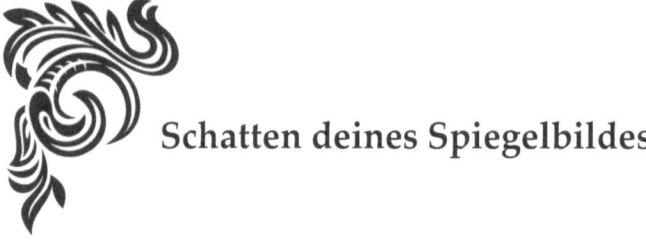

Schatten deines Spiegelbildes

Die Furcht trägst du
verborgen in deiner Brust,
deine unruhigen Hände
zittern mit dem Kummer,
der deine Seele spaltet.

Du schaust den Spiegel
deiner Vergangenheit an,
du kannst nichts sehen,
du kannst nichts erkennen,
du möchtest nicht mehr
vor den zerrissenen Seiten
deines Lebens treiben.

Du beklagst dein Leid,
dass dein Herz dir weh tut
wenn deine Kraft nachlässt,
du beklagst dein Leid
mit der Angst vorm Traum
der dich im dunklen Schatten
deines Spiegelbildes fängt.

Dieser dunkle Schatten
ist der Feind deiner Angst,
der Feind in dir selbst,
der dich auf der Erde
dem Boden deines Spiegelbildes
schmerzhaft zerbrechen lässt.

Wellen der Traurigkeit

Du sehnst dich
nach einem Tränenguss
der dein zerstörerisches
Feuer löscht,
du verzehrst dich
nach der liebenden Gestalt,
die deinen zwielichtigen
Hass vernichtet.

Doch steckt in
deinem inneren Wesen
rücksichtslose Wut
deiner Hartherzigkeit,
der Hartherzigkeit
deines kleinen Verstands,
den du mit der Liebe
nicht bemessen kannst.

Ein Teil deiner Seele
stirbt nach dem Leid
das du mit deiner
Gefühlskälte erschaffst,

im Ozean schlagen
Wellen der Traurigkeit
mit den Schwingungen
deiner Verdorbenheit.

LIEBESZITATE

Der Moment in dem die Liebe

über ihren Schmerz hinwegsieht,

und das ganze Leben still im

Wasser der Gefühlswelt versinkt,

bleibt ein kleiner Moment

des gewonnenen Glücks.

Ein winziger Fisch im Wasser

wird nicht von Zweifeln bedrängt,

vermutlich hat er mehr Selbstliebe

als der wiederkehrende Mensch.

Der ewig Suchende strebt

nach einem besseren Weg,

einer besseren Lösung,

die seine klare Sichtweise

im richtigen Moment

nicht versperren kann.

In die wortlos verspürte Zukunft

erweckt die Liebe das Vertrauen

der unausweichlichen Lebenszeit.

Zwei gefundene Herzen

lieben die gemeinsame Zeit

und leben deren Glückseligkeit.

Vergessene Träume

führen zum Verlust

der Freude,

die einst dem Leben

mehr Sinn versprach.

Jeder der eine reine Seele hat,

findet sein vierblättriges Kleeblatt.

Ohne die Liebe

wäre in der Brust

die tiefste Lücke

ein unerfülltes Gefühl,

dass dem schönen Leben

den Herzschlag entreißt.

Die Liebe greift

mit beiden Händen

in das brennende Feuer

der unzerstörbaren Leidenschaft.

Der heitere Lebenstanz

befreit vom Unmut,

jener störrischen Zeit,

die dem verletzlichen Wesen

den Sinn der Liebe raubt.

Wo die Ehrlichkeit

gefunden werden kann,

findet die Liebe

ihre Wirklichkeit.

Das Haus der Liebe

braucht keine Wände,

das Haus der Liebe

hat seinen Raum

im Herzen aufgebaut.

Eingeholt vom Groll der Zeit,

steht eine unerwiderte Liebe

mit ihrem einsamen Weg

am Rand der Landkarte

im Kerker dieser Welt.

Anhand unserer Vergänglichkeit

sehen wir die permanente Gier

und die angestauten Güter,

die uns kein Glück brachten,

können wir als Menschen

aus dem Grabe nicht betrachten.

Das Gefühl Neid

kann bedrohlich sein,

vergiftet die reine Seele

und endet früh allein.

Dort wo Zwist herrscht

und die Menschen beherrscht

wird die Liebe nicht erkannt,

dennoch in ihrem Ganzen gebraucht.

Träume können nicht

wie Seifenblasen zerplatzen,

nur der Wille kann brechen,

wenn die Träume unverwirklicht

in der Seele verweilen.

Mit der groben Erschütterung

der anhaltenden Geduld,

bleibt die Hoffnung der Liebe

ihre wahrhaftige Sehnsucht.

Regentropfen

sind die Gnade

des Himmels,

ihre Reinheit schenkt

jedem Lebewesen

einen Neuanfang.

Der Glaube an die Liebe

ist brodelndes Herzblut,

dass dem Leben gut tut.

Zeitfracht Medien GmbH
Ferdinand-Jühlke-Straße 7
99095 Erfurt, Deutschland
produktsicherheit@kolibri360.de